IZK
24331

IMPRESSIONS SINCÈRES

D'UN TOURISTE

SUR LE

PÈLERINAGE DE LA LOUVESC

(ARDÈCHE)

MONTPELLIER

IMPRIMERIE GROLLIER ET FILS, BOULEVARD DU PEYROU

1884

IMPRESSIONS SINCÈRES

D'UN TOURISTE

SUR

LE PÈLERINAGE DE LA LOUVESC

IMPRESSIONS SINCÈRES

D'UN TOURISTE

SUR LE

PÈLERINAGE DE LA LOUVESC

(ARDÈCHE)

MONTPELLIER

IMPRIMERIE GROLLIER ET FILS, BOULEVARD DU PEYROU

1884

IMPRESSIONS SINCÈRES

D'UN TOURISTE

SUR

LE PÈLERINAGE DE LA LOUVESC

(ARDÈCHE)

J'ai le bonheur de connaître déjà les plus célèbres pèlerinages de la France catholique, mais je regrettais de n'avoir pu encore visiter le tombeau de St Jean-François Régis, qui se trouve à La Louvesc (Ardèche), et qui doit sa prospérité croissante au dévouement des P. Jésuites qui le dirigent.

Enfin, cet été, je me suis donné cette pieuse satisfaction avant de rejoindre mon quartier d'hiver. Parti d'Annonay, le 2 septembre 1884, à dix heures du matin, je suis arrivé à quatre heures de l'après-midi seulement à destination. La longueur du trajet s'explique par cela qu'il faut contourner plusieurs hautes montagnes avant d'aborder à La Louvesc, petit village perché, on le sait, à plus de mille mètres au dessus du niveau de la mer (1).

Ce voyage est pénible, je l'avoue, quand on n'est pas précisément un Hercule, dans les conditions où il a lieu, car les *boîtes roulantes*, qui font ce service, sont en général détestables ; à l'époque des retraites notamment, on s'y trouve encaqué comme des harengs dans un baril, et l'on doit s'estimer heureux d'entrer à La Louvesc, avec

---

(1) Si les archives de l'Ardèche sont véridiques, on peut admettre que La Louvesc (son nom seul l'indiquerait) a été originairement un rendez-vous de chasse, où se réunissaient les Seigneurs du pays pour tuer les loups et autres animaux sauvages qui abondaient sur ce vaste plateau, jadis couvert d'épaisses forêts. Aujourd'hui, les habitants de ce village sont à la fois cultivateurs et fabricants de chapelets. Cette fabrication se fait sur une large échelle, car elle produit environ deux cent mille chapelets chaque année.

tous ses os, tant on a de mauvaises chances contre soi pendant le trajet.

Une dame avec laquelle je faisais l'ascension m'a raconté que, l'année dernière, la voiture ayant versé, son conducteur prit ses chevaux par la bride, et abandonna sur la route sa patache embourbée, comme aussi ses colis vivants, sans plus s'occuper d'eux que s'ils n'existaient pas. Les pauvres voyageurs durent faire à pied une heure de route pour gagner la ville, avec l'embarras de leurs bagages et les *bleus* occasionnés par l'accident.

Vous voyez d'ici la figure des victimes! Si encore ces aventures étaient rares, on les passerait sous silence, mais elles se renouvellent plus ou moins chaque été, ce qui n'a rien d'encourageant pour les pèlerins. Quoi qu'il en soit, le culte de St François Régis est si populaire dans la région, que rien n'arrête les fidèles. — « Ne faut-il pas souffrir un peu pour mériter, disent ces braves gens! » — Qui n'admirerait leur courage et leur foi?

Il y a bien, à Annonay, quelques voitures

particulières à la disposition du public, mais les prix des loueurs sont inabordables pour les petites bourses, et il y aurait vergogne à les subir. On préfère se risquer dans les mauvaises carioles en question, avec espoir que le *saint Père*, comme on le nomme là-bas, protégera les siens (1). En ce qui me concerne, je ne puis me plaindre de mon sort ; si j'ai été passablement secoué en route, je suis entré à La Louvesc au complet, avec un gentil soleil, qui, pendant le voyage, m'a permis d'admirer à mon aise, et sous toutes ses faces, le ravissant paysage qui se déroulait à mes yeux. Ce paysage ressemble singulièrement à celui qu'on voit à Einsiedeln, en Suisse, avec cette différence que le plateau de La Louvesc est plus large, plus varié, plus pittoresque encore, car on a devant soi les Alpes et les Cévennes qu'on embrasse d'un coup d'œil. C'est éblouissant, c'est splendide !

Il n'est pas facile de découvrir un gîte à

---

(1) Dans la Drôme, l'Ardèche et le Rhône, S. François Régis, n'est jamais désigné autrement.

La Louvesc, j'ai frappé sans succès à la la porte des grands hôtels qui, tous, étaient plus que pleins. Enfin, j'ai obtenu pour moi seul, à force de diplomatie, une chambre à *trois* lits à l'auberge *Catelan*. Cette auberge, qui ne paye pas de mine, j'en conviens, a le mérite de recevoir à bras ouverts les pauvres et les riches qui s'y présentent. La chose est assez rare pour que je la mentionne. Par malheur, quand il y a affluence de pèlerins, comme le 2 septembre dernier, à cause de la *Retraite* traditionnelle, il ne faut pas songer à fermer l'œil avant quatre heures du matin où se dit la première messe, à laquelle tout le monde assiste. Cette nuit blanche, qui s'ajoutait aux tribulations du voyage, m'a paru manquer de charmes, on s'en doute, mais je m'en suis consolé en pensant qu'on n'est jamais sur un lit de roses quand on court les grands chemins, et qu'on doit en prendre son parti bravement, surtout lorsqu'il s'agit d'un pèlerinage.

Je n'ai pas la prétention, je le déclare, de refaire, après le Père Daubenton, l'*Histoire de St François Régis*, je me bornerai à signaler, aussi rapidement que possible, les traits les plus saillants de la vie d'un des plus grands saints dont s'honore l'Église, du seul jésuite français qui ait été canonisé jusqu'à présent (1). Si le lecteur veut prendre patience, il pourra avant peu satisfaire sa curiosité à cet égard dans un nouvel ouvrage qu'élabore le Père de Curley, sous le titre d'*Histoire de La Louvesc*. En attendant, je ne saurais trop recommander le *Manuel du pèlerin au tombeau de St François Régis*, par M. l'abbé Roger, curé de Fontcouverte (Aude). Ce petit livre est écrit simplement et avec cœur, il suffira à la majorité des fidèles qui cherchent une notice intéressante et peu coûteuse.

Saint Régis est issu d'une famille noble et illustre qui a bien servi la France ; il naquit le 31 janvier 1597, à Fontcouverte près Carcassonne. Son père, le Comte Jean

---

(1) Cette canonisation a été prononcée le 16 juin 1737, sous le pontificat de Clément XII.

de Régis était le châtelain de ce village devenu célèbre par la naissance du Thaumaturge. Il existe encore à Fontcouverte une partie du manoir où il reçut le jour. Voulant honorer sa mémoire, les Sœurs de la Présentation ont acheté ces ruines, en 1843, et les ont converties en couvent-pensionnat. Le Saint, disent ses biographes, était de haute taille et d'aspect imposant, mais sans raideur. Son visage était ouvert comme celui des âmes droites, ses traits fins et distingués, son humilité extrême. Il n'attacha jamais aucune importance à ses titres, ni à son blason, et il se considéra toujours comme le plus petit des serviteurs de Dieu.

Entré dans la Compagnie de Jésus, en 1616, après avoir fait d'excellentes études à Béziers, Toulouse et Cahors, on le voit, à peine âgé de 22 ans, fonder à Andance, près Tournon, la pieuse *Confrérie du Saint-Sacrement*, qui rayonne dans tout l'Univers catholique. Ce fut à Fontcouverte et ensuite à Montpellier (Hérault) qu'il donna ses premières missions. Pendant les quatre années qu'il passa dans cette ville à évangéliser les habitants, il institua le premier *Refuge* (en 1631), à l'usage des personnes du sexe désirant se convertir et conserver la foi. Sommières, Le Velay et le Vivarais reçurent successivement ses fécondes visites, malgré la haine et les mauvais traitements que ne lui épargnèrent pas les Calvinistes, très puissants alors par leur audace et par leur nombre. Le zèle du saint missionnaire était si ardent qu'il prêchait sur les places publiques, et qu'on le vit maintes fois parcourir les rues, une clochette à la main, pour appeler les enfants au catéchisme et le peuple à l'église. Sa vie était celle d'un anachorète : quelques herbes, un peu de pain et d'eau composaient sa nourriture habituelle. Il ne but jamais de vin. Il couchait sur la dure, tout habillé, pour être toujours prêt à consoler, à convertir les pêcheurs. — « Venez, mes chers enfants, disait-il aux pauvres et aux infirmes qui l'entouraient, vous êtes mon trésor et les délices de mon âme. »

Et cependant, malgré cette charité, ce sacrifice de lui-même, le Père Régis fut obligé de défendre ses actes auprès de son évêque, que ses puissants ennemis avaient circonvenu. On raconte qu'il fut souffleté, insulté publiquement, criblé de coups pendant le cours de ses missions. Ses ennemis ne lui pardonnaient pas son empire sur les masses ; ils auraient voulu l'obliger à quitter le pays, et ils ne reculaient devant aucun moyen pour lui faire perdre courage.

Pendant dix années consécutives, l'intrépide apôtre, au mépris des injures et du péril, poursuivit sans relâche ses prédications, et sa carrière semblait devoir se prolonger avec le même éclat, lorsque, le 30 décembre 1640, à l'âge de quarante-trois ans, la mort le surprit à La Louv… Il était venu se reposer de ses fatigues. Après quelques jours de souffrance, il rendit à Dieu sa belle âme, à l'heure où sa haute intelligence l'appelait à de nouveaux triomphes.

Voici ses dernières paroles, recueillies par le frère Bideau, qui se trouvait auprès de lui à ce moment suprême : — « Oh ! mon frère ! quel bonheur ! comme je meurs content ! Je vois Notre-Seigneur et Notre-

Dame qui viennent prendre mon âme pour l'emporter en paradis ! » Un tel saint avait bien le droit d'escompter sa récompense, nul n'oserait lui en faire reproche ! Les lignes suivantes qu'il écrivait à ses frères et belles-sœurs de Fontcouverte, peignent aussi le P. Régis avec tant d'éloquence qu'il serait superflu d'ajouter un seul trait au tableau : « Aimez-vous les uns les autres, supportez-vous avec charité, pardonnez-vous réciproquement ; que les vérités de l'Évangile, et non les maximes du monde, soient la règle de vos sentiments et de votre conduite ! » Quels sujets inépuisables de méditations pour tous ?...

Je reprends le cours de ma visite interrompue par les souvenirs biographiques qui précèdent : Dès qu'on a pris pied à La Louvesc, on se fait conduire à la chapelle qui englobe la petite chambre dans laquelle mourut le Père Régis. Il est là, figuré en pierre, se soulevant sur sa couche pour tendre les bras à Notre-Seigneur Jésus-Christ, qu'il voit dans son extase lui présentant sa glorieuse Mère.

Bien que sculpté assez lourdement, ce groupe, réchauffé par la couleur dont il est revêtu, émeut plus qu'on ne saurait l'exprimer. Il semble que l'apôtre va parler, il est vivant. On a dû le protéger contre l'indiscrétion des visiteurs à l'aide d'une cage vitrée, à laquelle on a laissé seulement une petite ouverture qui permet aux fidèles d'y jeter des piècettes de monnaie, comme je l'ai vu faire devant l'autel de la Madone-del-Pilar, à Saragosse. Le bruit de ces piècettes tombant sur la dalle, avec un bruit sec et strident, produit un singulier effet à qui l'entend pour la première fois, mais on s'y habitue vite. Une plaque en marbre a été fixée contre la muraille intérieure de la cage qui fait face au spectateur, avec cette inscription : « C'est ici que Saint Jean-François Régis est mort le 31 décembre 1640. »

Une autre plaque reproduit les dernières paroles du Saint. — « Ah ! mon frère, quel bonheur ! Je vois J.-C. et N.-D. qui m'ouvrent le paradis. » Ces paroles ont été écourtées, je ne sais pour quel motif.

Le vénérable Père Cohnier, qui gère la cure et le pèlerinage depuis huit ans, est à la veille d'assainir et d'agrandir cette chapelle mortuaire. On ne peut qu'applaudir à cette initiative, car les pèlerins souffrent depuis longtemps de voir le tombeau du Saint placé dans un milieu aussi sombre, aussi humide. J'ai ressenti, moi-même, une impression pénible lorsque j'y suis entré. Non, cette triste chapelle n'abrite pas dignement une tombe aussi vénérée, aussi vénérable !

Je n'ai pas manqué, non plus, de visiter la fontaine légendaire à laquelle le Père Régis vint souvent mouiller ses lèvres, et qui opère journellement des miracles, tous inscrits dans les Annales du Pèlerinage. Cette fontaine, encastrée dans une étroite chapelle, va bientôt aussi recevoir les dégagements reconnus nécessaires et qui la rendront plus abordable. Il était temps d'y songer. Si cette réfection s'effectue si tardivement, la faute en est à la commune, à laquelle appartient la source, et qui a reculé devant la dépense jusqu'à présent.

Ma bonne étoile m'a permis de saluer au passage M. Buisson, le doyen actuel de l'honorable famille qui a sauvé de la destruction, pendant la Terreur, les précieuses reliques du Saint. Informée que les Iconoclastes s'apprêtaient à piller l'Église de La Louvesc, où se trouvait la châsse, la famille Buisson alla prendre, pendant la nuit, quelques ossements au cimetière et les substitua à ceux de l'apôtre. Le lendemain, dès l'aube, l'église fut en effet souillée, pillée par les bandits, mais les Buisson s'étaient levés plus matin que les oiseaux de proie, et voilà comme ce trésor insigne brille encore dans la superbe châsse en vermeil qui domine le maître autel de la basilique.

Les habitants de La Louvesc, avec une spontanéité qui les honore, ont offert à la famille Buisson un fragment assez considérable du corps du Saint. Aucun titre de noblesse assurément ne pouvait la flatter davantage que ce témoignage éloquent de la gratitude publique. Du reste, l'apôtre n'a pas cessé, depuis lors, de porter bonheur à cette estimable famille. M. Buisson, cité plus haut, et qui est père de onze enfants, a cinq filles religieuses ; l'une d'elles est supérieure générale des Trinitaires de Valence, trois fils appartiennent à la Compagnie de Jésus, et le plus jeune, je crois, est le médecin de La Louvesc, bien qu'il n'y réside pas. On s'étonnera qu'il n'y ait dans ce village, qui compte 1200 feux, ni médecin, ni pharmacien à demeure, mais l'air y est si pur que, Saint Régis aidant, on n'a presque jamais besoin de recourir à ces spécialistes. Sont-ils assez privilégiés les habitants de La Louvesc ?

Je n'ai pas à parler de l'ancienne église, que rien ne signalait aux curieux ; comme elle était manifestement insuffisante pour la foule des pèlerins, qui augmente chaque année et qu'on évalue aujourd'hui à près de cent cinquante mille, les Pères Jésuites, sans autre argent que celui des fidèles, ont entrepris, en 1865, de construire une basilique plus en rapport avec l'extension du pèlerinage. L'intérieur est terminé, et l'on espère que deux cent mille francs suffiront pour placer les flèches, sculpter le portail extérieur, acheter les vitraux, les orgues et les statues décoratives qui manquent encore ; voilà beaucoup de besogne à faire, il ne faut pas se le dissimuler, malgré la misère du temps, mais la Providence vient en aide à ceux qui savent s'aider. Déjà, la grosse cloche (le bourdon) qui a coûté 25,000 francs, a été envoyée gracieusement par une dame de Lyon, qui vénère le *saint Père*. On regrette que cette cloche ne soit pas plus souvent mise en branle, car il est impossible de ne pas être remué jusqu'aux entrailles par cette voix d'airain semant dans l'air ses notes sonores qui chantent et pleurent à la fois. C'est seulement le samedi, le dimanche et les jours de fête que le majestueux bourdon se fait entendre. Le carillon du samedi est motivé par les confessions exceptionnelles qui se prolongent toute la nuit en faveur des habitants de la campagne qui, après avoir communié le dimanche, veulent rentrer au logis le jour même. Vous voyez que les Pères Jésuites, souvent peu nombreux, ne ménagent ni leur temps ni leur peine pour seconder la piété des pèlerins ; il n'y a pas lieu de s'en étonner, ils sont partout des modèles de zèle, de dévouement et d'intelligence.

Le nouveau temple de La Louvesc est un des mieux réussis qui existent en France. Il est de style roman pur, mais un peu fleuri. Il affecte sensiblement la forme d'un tombeau ; c'est, en effet, un tombeau qu'on vient vénérer à La Louvesc. Son architecte, M. Baussan, qui a construit plusieurs églises hors ligne, entre autres celle de Notre-Dame de Fourvières, se plait à l'appeler son « bijou », et ce qualificatif est justifié par l'aspect grandiose du monument, par la sévérité du style, l'élégance de la sculpture, la richesse des marbres, le fini de l'exécution. Il repose sur des assises de granit qui lui assurent une longue durée, comme la religion dont il est le somptueux vêtement. L'église de La Louvesc sera citée un jour comme une des merveilles du genre.

Il est impossible de quitter ce village sans le jalouser un peu, en voyant que les Frères de la doctrine chrétienne et les Sœurs de Saint-Joseph ont conservé l'autorisation d'instruire les enfants des deux sexes, et cela grâce à l'attitude ferme et digne de la population entière. Quelle leçon pour les catholiques mous et lâches qui n'ont pas su faire respecter leurs droits en temps utile !

Ce sont les Sœurs de Saint-Joseph qui administrent le petit hôpital de La Louvesc, fondé par un ancien curé du village, M. l'abbé Claude Bilhot. Cet hôpital contient 12 lits et ne laisse rien à désirer, j'ai pu m'en assurer. Puisqu'il y a un hôpital à La Louvesc, j'ose prier M. le Maire, si fier de la bonne tenue du village, de caser d'urgence dans l'asile dont s'agit le malheureux crétin qui, pour apitoyer le public, se trémousse incessamment sur l'avenue conduisant à la fontaine miraculeuse. Nul spectacle n'est plus écœurant que celui-là.

J'ai visité encore, avec beaucoup d'intérêt, une *Maison de Retraite*, créée et dirigée par les *Dames de Saint-Régis*. Ce pieux établissement est en mesure de recevoir, pendant les retraites, 60 pensionnaires, qui payent depuis six francs jusqu'à *cinquante centimes* par jour. Ces dernières reçoivent trois soupes plantureuses dont peuvent se contenter les appétits les plus robustes.

On chérit fort les Pères Jésuites à La Louvesc, et l'on a bien raison. Ils constituent la seconde Providence de ce village privilégié. — « Nous serions des ingrats, me disait mon hôtesse, si nous n'aimions pas les Pères ; ils nous aident, ils nous consolent en toute circonstance, et la porte de la cure nous est ouverte à toute heure comme celle de l'église. »

Cet hommage rendu aux Pères Jésuites, on l'entend sortir de toutes les bouches, à peu près dans les mêmes termes, pour peu qu'on interroge les habitants, quels qu'ils soient, les vieux comme les jeunes, les riches comme les pauvres.

Récemment, à l'occasion des décrets d'expulsion des religieux, les P. Jésuites ont été taquinés, tracassés, on n'en sera pas surpris, mais l'autorité supérieure n'a pas osé aller trop loin, et l'ancien état de choses fonctionne comme toujours à la satisfaction des honnêtes gens.

Pendant mon séjour à La Louvesc, j'ai

eu la chance d'entendre le prédicateur le plus populaire de Lyon, le père Chavoz, qui prêchait la Retraite ; il m'a beaucoup plu, car il parle et pense comme le Curé d'Ars, de sainte mémoire, mais sa phrase est plus énergique, plus mordante. Il déteste la religion *musquée des mondains (sic)* et il ne lui ménage pas les étrivières. Je partage entièrement cette manière de voir, car la religion mondaine ne fera jamais des hommes, et nous en avons besoin pour sauver la France.

Avant de clore ce simple récit, il me semble utile de rappeler au lecteur qui aurait pu l'oublier, que la fête de St-François Régis est célébrée en grande pompe, le 6 juin, à La Louvesc, et qu'il existe en France, depuis 1826, sous la dénomination de *Société charitable de St François Régis*, une œuvre excellente entre toutes qui s'impose la mission de régulariser gratuitement les unions incorrectes et de faire légitimer les enfants naturels. Cette œuvre si chrétienne, si moralisatrice, ne pouvait choisir un plus vaillant patron que le grand saint qui m'a inspiré l'idée d'offrir ces lignes aux amis du pèlerinage de La Louvesc.

J. DELVINCOURT.

www.ingramcontent.com/pod-product-compliance
Lightning Source LLC
Chambersburg PA
CBHW060529050426
42451CB00011B/1723